SERÁ A OBRA DE ROUSTAING ESPÍRITA?

Co-edição:
Eldorado/EME

Edição e distribuição:

EME EDITORA

Caixa Postal 1820 – CEP 13360-000 – Capivari-SP
Fone/fax: (0xx19) 3491-7000 / 3491-5603
E-mail: editoraeme@editoraeme.com.br
Site: www.editoraeme.com.br

Solicite nosso catálogo completo com mais de 300 títulos.

Não encontrando os livros da EME na livraria de sua preferência, solicite o endereço de nosso distribuidor mais próximo de você através do fone/fax ou e-mail acima.

CARLOS ALBERTO FERREIRA

SERÁ A OBRA DE ROUSTAING ESPÍRITA?

Prefácio Manuel dos Santos Rosa
Presidente da Federação Espírita Portuguesa de 1988 a 1992.

Capivari-SP
— 2003 —

Será a obra de Roustaing Espírita?
Carlos Alberto Ferreira

1ª edição maio/2003 - 1.000 exemplares

Capa:
Wilson Garcia

Revisão:
Rute Villas Boas

Co-edição:
Editora Eldorado Espírita de São Paulo
Editora EME

Ficha catalográfica

Ferreira, Carlos Alberto,
Será a obra de Roustaing Espírita?, Carlos Alberto Ferreira. 1ª edição, maio/2003, Edição conjunta Eldorado/EME, Capivari-SP.
96 p.
1 - Roustaing produziu obra Espírita?
2 - Estudo doutrinário — Espiritismo
CDD 133.9

Índice

As razões dos editores 7
Prefácio 9
1 - Introdução 15
2 - Paralelismo histórico 23
3 - A grande mistificação 33
4 - A Gênese como resposta de Kardec à obra cismática 41
5 - Outras explicações e teorias de Roustaing 55
6 - Os discípulos fiéis de Kardec e a obra de Roustaing 63
7 - Os verdadeiros mentores de Roustaing .. 67
8 - Humberto de Campos, Chico Xavier e Roustaing 75
9 - A obra de Roustaing à luz do Livro dos Médiuns 81
10 - Resumo e conclusão 87
11 - Bibliografia 95

"O espírita, herdeiro atual do Cristianismo sem distorções, não pode ignorar a necessidade do equilíbrio.

Compreensão e ternura, mas atitude firme, para que a névoa da ignorância não invada a atmosfera mental onde vivemos, induzindo os companheiros de viagem terrestre ao vale da indecisão.

Somos, involuntariamente, a bússola uns dos outros. Os que marcham à frente ditam normas para os que se formalizam à retaguarda.

Todos influenciamos positivamente com o magnetismo da atitude. Daí o impositivo de sermos por fora o que somos por dentro."

André Luiz / Waldo Vieira
Livro: Estude e Viva (FEB)

As razões dos Editores

Uma especial e suficiente razão nos motivou à publicação deste trabalho: a sua origem. Preparado e oferecido espontaneamente pelo autor, Carlos Alberto Ferreira, recebeu de nossa parte imediata acolhida. Trata-se de uma reflexão muito bem desenvolvida acerca da doutrina do Sr. J. B. Roustaing e suas relações com o Espiritismo, feita com firmeza e serenidade, constituindo-se em importante contribuição de um membro atuante do movimento espírita português aos que se interessam pelo estudo do assunto.

Conquanto o tema do livro não seja inédito e não venha, por assim dizer, oferecer algo de novo ao bom material já existente no Brasil, ao qual os espíritas lusitanos têm fácil acesso, o autor permite que se infira do interesse que os estudiosos em Portugal possuem sobre o presente e o futuro do Espiritismo em todas as plagas, refletindo suas preocupações e demonstrando que tanto cá quanto lá essas questões não são, como pretendem alguns (com evidentes interesses), simples e sem valor efetivo.

Quando menos, idéias como as que aqui estão apresentadas permitem rever os aspectos fundamentais em que estão assentadas as teorias contidas na obra roustainguista e cotejá-las com os argumentos apresentados pelo insigne Allan Kardec, desenvolvidos quando ainda encarnado. Com uma vantagem sobre os livros escritos pelos autores brasileiros: é insuspeita em relação à Federação Espírita Brasileira (Feb), uma vez que não se pode atribuir ao seu autor a razão que indevidamente tem sido anteposta de ter interesses contrários aos que alimenta a Feb.

Para reforçar a opinião do autor, este livro traz também o prefácio de um outro espírita português ilustre: o Sr. Manuel dos Santos Rosa, que presidiu a Federação Espírita Portuguesa por quatro anos refletindo, portanto, não apenas o pensamento do autor sobre o assunto, mas o de um segmento representativo do Espiritismo em Portugal, vindo a somar-se ao que já é muito conhecido no Brasil.

Wilson Garcia
Editor

Prefácio

Entre a verdade e a mentira existe a capacidade intelectual do sujeito que, em função da sua maturidade espiritual se esforça na conquista de uma ou se acomoda à outra, indiferente à evidência dos fatos e dos princípios, alheando-se da lógica e da razão essenciais ao juízo reto.

Na construção do conhecimento só são tomadas em consideração as asserções que podem ser falsas ou verdadeiras. Excluem-se, portanto, as sem sentido e as que constituem contra-senso. Daqui se infere que, apesar da lógica na construção do conhecimento, nem todas as asserções construídas com raciocínio correto são verdadeiras, uma vez que sendo falsos os pressupostos do raciocínio, conduzem naturalmente à verdade aparente. Impõe-se, por isso, o teste da veracidade pela análise reflexiva aos princípios gerais, pela observação dos fatos que no Espiritismo compreende também a ultrasensorial.

Todo o pensamento formulado sem a observância dos princípios que decorrem do fundamento dos fatos, sem respeito à lógica, assenta em dados imprecisos e, por isso, conduz naturalmente ao equívoco.

Carlos Alberto Ferreira, na análise concisa do trabalho em pauta, procura dar-nos os fundamentos lógicos e racionais da Doutrina Espírita, destacando a coerência dos seus princípios com a realidade comprovada, de maneira a evidenciar os absurdos de que o Sr. Roustaing se fez arauto, ao serviço dos que folgam com a mentira.

A fé raciocinada que o Espiritismo nos faculta baseia-se no conhecimento edificado nos moldes das ciências atuais. E, como tal, transfere essa característica aos seus aspectos de filosofia e religião, na forma de conhecimento evolutivo e não crença, onde tudo se aceita sem comprovação.

Distinguindo a Filosofia Espírita dos fatos mediúnicos, o eminente codificador, Allan Kardec, elucida com precisão: *«Seria fazer uma idéia bem falsa do Espiritismo acreditar que a sua força decorre da prática das manifestações mediúnicas»* — tantas vezes provenientes de inteligências orgulhosas, cheias de presunção e arrogância a denotarem a sua falta de elevação, visando a falsear a verdade, iludir incautos e travar a marcha do progresso. «*A força da Doutrina Espírita está na sua filosofia, no apelo que faz à razão e ao bom senso (...) fala uma linguagem clara, sem ambigüidades. Nada há nela de místico, nada de alegorias susceptíveis de falsas interpretações (...) Não reclama uma crença cega*», mas quer que se saiba porque se crê e em que se crê, porquanto, apoiando-se na razão, rejeita tudo o que não se coaduna com o controlo universal dos princípios.

Desde que o movimento progressivo é incontestável, o futuro do homem não poderia ser posto em dúvida. O ser humano, por natureza, quer ser feliz e a perspectiva do aumento da felicidade o motiva e impulsiona para o progresso. É então que, por força das circunstâncias, ele trabalha no sentido da sua moralização da qual decorrerá a sua felicidade e o Espiritismo, dando-lhe a conhecer as leis que lhe regem o destino, reforça-lhe a certeza do futuro, oferecendo-lhe a mais poderosa alavanca para atingir o alvo.

De fato, em sua mensagem primordial, o Espiritismo mostra-nos as leis que regem o Universo e o destino humano, seus princípios de equilíbrio, de justiça e evolução universal, num processo sempre ascendente rumo à perfeição. São leis de ordem, de harmonia, eqüidade que se estendem à Ética, à Moral, como princípios normativos de cooperação e solidariedade — Leis de Amor — estabelecidas por Deus que a tudo preside como amoroso pai.

O Espiritismo restabelece a mensagem cristã, instituindo a religião em espírito e verdade, não mais subordinada às obras da sotaina que alimentam a crença cega. Estruturado na comprovação dos mais exigentes procedimentos científico-filosóficos, extinguirá para sempre o ateísmo, o fanatismo e o materialismo. Jesus estabeleceu os princípios da caridade, da igualdade e da fraternidade, como condição indispensável da salvação, mas ficou reservada à terceira manifestação da vontade de Deus, pelos horizontes novos que descortina em relação à vida espiritual, provar que não é somente uma doutrina moral, mas a lei natural que está no interesse do homem cultivar e praticar.

Quem ama a Doutrina Espírita e se compraz no seu estudo aprofundado, estará munido do conhecimento necessário para discernir entre a verdade espírita e a mistificação, a falsidade do Roustainguismo. Somente tomarão a mentira por verdade os que pensam em função das infundadas opiniões alheias e não cuidam da observância da lógica e racionalidade dos princípios e na evidência dos fatos.

Para favorecer o esclarecimento preciso e obstar a possibilidade dos equívocos no meio espírita, fato que não seria inédito, «**Será a obra de Roustaing espírita?**» dá-nos a visão clara dos fatos, analisa com objetividade, conduzindo-nos sem esforço maior, à verdade, estimulando-nos à conquista do conhecimento da Doutrina Espírita e, conseqüentemente, à defesa da pureza dos seus postulados e valores, novo paradigma essencial ao progresso da Humanidade.

Bem haja ao autor.

Lisboa, 3 de janeiro de 2000.

Manuel dos Santos Rosa (*)

(*) Presidente da Federação Espírita Portuguesa de 1988 a 1992.

1. Introdução

Desde que tomamos contato com o Espiritismo em 1979, também, pouco tempo depois, tomávamos conhecimento da polêmica que envolvia, e ainda envolve, o movimento espírita a respeito da obra mediúnica publicada por J. B. Roustaing, advogado da antiga Corte Imperial de Bordéus, em 1866, altura em que Allan Kardec já tinha publicado as quatro primeiras obras da Codificação Espírita, faltando apenas a última, **A Gênese**, que sairia do prelo em janeiro de 1868.

A obra polêmica intitulada Os Quatro Evangelhos, cujo subtítulo «Revelação da Revelação», é de uma presunção de tal ordem que mexe de imediato com o bom-senso das pessoas que têm por hábito o estudo e a leitura metódica das obras espíritas. Por tal fato vamos fazer o paralelismo histórico do nascimento da Codificação Espírita e da obra da responsabilidade do advogado de

Bordéus, o Sr. Roustaing, bem como confrontar alguns pontos da obra que estão em flagrante desrespeito com a mensagem do Espírito de Verdade, mostrando de fato quem estava por detrás de tal plano.

Depois do pequeno estudo que se segue chegamos à conclusão que os Quatro Evangelhos de Roustaing não têm nada de polêmico, porque constituem uma mistificação demasiado evidente. Só serão polêmicos para quem desconhece a Codificação Espírita, não possuindo a segurança do conhecimento doutrinário que Kardec nos legou com tanto sacrifício e renúncia; e, obviamente, para quem desconhece, também, a própria obra que é demasiado longa, repetitiva e enfadonha.

No entanto, gostaríamos de deixar bem claro que ao elaborarmos o presente ensaio, jamais nos passou pela mente agredirmos ou desrespeitarmos pessoas ou Instituições que consideram a obra de Roustaing como sendo espírita, nomeadamente a veneranda e centenária Federação Espírita Brasileira que é a Editora em língua portuguesa dos livros do Sr. Roustaing, pois foi das suas edições que nos servimos para fazermos o presente trabalho.

Ao fazermos a presente crítica moveu-nos, única e exclusivamente, o grande amor que nutrimos pela Doutrina que Allan Kardec — o «fiel discípulo de

Jesus» — nos legou com tanto sacrifício e renúncia, porque ao longo de duas décadas temos observado as mais injustas referências à Doutrina dos Espíritos e ao seu Codificador quando pessoas tomam conhecimento das teorias e explicações da passagem de Jesus pela Terra pela óptica de Roustaing, como se fossem instruções do Espírito de Verdade.

Não obstante, a divulgação de Os Quatro Evangelhos — que de forma alguma podemos subscrever — pela Federação Espírita Brasileira, queremos manifestar à centenária Instituição a nossa gratidão pelo fato de ter preservado o imenso patrimônio doutrinário espírita da Europa, no corrente século, que a mesma não o soube ou não pôde fazer, ao recolher, traduzir e divulgar as obras fundamentais de Kardec e dos seus continuadores fiéis, Léon Denis, Gabriel Delanne, Camille Flammarion, Alexandre Aksakof, Paul Gibier, William Crookes, Amália Domingo Soler, César Lombroso, Albert de Rochas, Fernando de Lacerda, Gustave Geley, Ernesto Bozzano, António Joaquim Freire etc. E que agora, com alegria, gradualmente, vemos retornar ao Velho Continente.

Esclareço que foi a Federação Espírita Brasileira, que nos proporcionou o conhecimento da monumental obra histórica, retirada dos arquivos do Mundo dos Espíritos, pelo venerando espírito

Emmanuel, através do abnegado médium de Pedro Leopoldo, que nos ajudou a entender a verdadeira essência do Cristianismo, o seu nascimento, expansão e progressiva adulteração. Esses cinco[1] documentos históricos, mediúnicos, comoveram-nos profundamente — como nenhum livro o tinha conseguido fazer — pela grandeza moral e espiritual, fazendo-nos muitas vezes, à nossa revelia, com que as lágrimas nos corressem pela face.

Pela mesma mediunidade, não podemos esquecer as onze reportagens do espírito André Luiz, série «**Nosso Lar**» — também publicadas pela FEB — que nos dilataram de forma inusitada o conhecimento da vida no Mundo dos Espíritos, bem como o conhecimento objetivo de como as conseqüências do nosso comportamento no dia a dia, têm na vida de além-túmulo.

Registramos, também, as incomparáveis crônicas e reportagens do espírito Humberto de Campos/Irmão X, o testemunho de Frederico Figner na obra «Voltei», ainda da lavra mediúnica de Francisco Cândido Xavier, que a FEB também divulga em repetidas edições. E, não gostaríamos de deixar de registrar as obras da inolvidável Yvonne Amaral

[1] "Há 2000 anos"... (1939), "50 anos depois" (1940), "Paulo e Estêvão"(1941), "Renúncia" (1942), "Ave, Cristo!" (1953).

Pereira, com o seu «**Memórias de um Suicida**», e de Divaldo Pereira Franco, editadas sucessivamente ao longo das décadas pela nobre Instituição.

Além de todo este patrimônio editorial — que muito admiramos — pois que vem consolidando e ampliando extraordinariamente a cultura espírita, rendemos, ainda, a nossa homenagem pelo muito que a FEB tem feito pelo Esperanto, pelas campanhas do estudo sistematizado da Doutrina Espírita, pelas campanhas de implantação do DIJ (Departamento Infanto-Juvenil) nos centros Espíritas e pela organização e patrocínio de conclaves espíritas nacionais, regionais e internacionais, que têm sido determinantes na implantação do Espiritismo pelos quatro cantos do Mundo.

Apesar do muito que a veneranda Instituição tem feito pelo movimento espírita, em nível planetário, mais uma vez esclarecemos que é imperativo de nossa consciência, não nos podermos omitir de criticar uma obra, que de uma forma sutil tem impedindo a expansão daquele **Consolador** que Jesus nos prometeu, de forma mais ampla e decisiva.

2. Paralelismo histórico

É curioso verificarmos que Os Quatro Evangelhos começam a ser elaborados precisamente quando o Espírito de Verdade e sua falange estão a materializar na Terra, através de Allan Kardec, as duas obras da Codificação que iriam abalar as estruturas dogmáticas da religião vigente: **O Evangelho segundo o Espiritismo** (1864) e **O Céu e o Inferno** (1865). Completando, assim, praticamente o edifício da Codificação Espírita. Tal fato temporal leva-nos a entender que estamos perante algo de muito profundo para a Doutrina que acabava de nascer e que estava já praticamente constituída, pois, apenas faltava a publicação da última obra, **A gênese** — que seria, também, uma resposta de Kardec e dos seus Guias às teorias absurdas de Roustaing — e de outros trabalhos avulso que seriam publicados primeiro na ***Revue*** e depois mais tarde em as **Obras Póstumas**.

Em 1863, a 9 de agosto, os Espíritos protetores do Codificador faziam as seguintes referências à terceira obra da Codificação — **O Evangelho segundo o Espiritismo** — que estava a ser elaborado com a assistência permanente do próprio Espírito de Verdade:

> «Este livro de doutrina terá considerável influência. Abordas ali questões capitais, (...). A dúvida tem que ser desfeita; a Terra e a sua população civilizada estão preparadas; há muito que teus amigos do Além-túmulo a desbravaram. Lança, pois, a semente que te confiamos, porque chegou a hora de a Terra gravitar na ordem radiante dos mundos e de sair finalmente da penumbra e da névoa intelectual. Completa a tua obra e conta com a proteção de teu guia, o guia de todos nós, e com o concurso dos Espíritos que te são fieis, (...).» (in Obras Póstumas, 2ª parte)

A respeito do clero, diriam ainda, os mesmos Espíritos:

«O clero clamará por heresia, por ver que nela atacas sem rebuços as penas eternas e outros pontos em que fundamenta a sua influência e o seu crédito. Clamará mais alto por sentir-se ferido de modo diverso do que sentiu com a publicação do **Livro dos Espíritos**, cujos dados principais podia, em rigor, aceitar. Porém agora vais entrar numa nova senda, na qual ele não poderá acompanhar-te. O anátema secreto tornar-se-á oficial e os espíritas serão combatidos pela Igreja romana como os judeus e os pagãos. Em compensação, verão seu número aumentar com essa perseguição, principalmente ao verem os sacerdotes acusarem de obra absolutamente do demônio uma doutrina cuja moralidade brilhará como um raio de sol, com a publicação de teu novo livro e dos que se seguirem.

Aproxima-se a hora em que terás que declarar abertamente o que é o Espiritismo e mostrar a todos onde está a verdadeira doutrina ensinada pelo Cristo. A hora em que, à face do Céu e da Terra, deverás proclamar o Espiritismo como a única tradição realmente cristã, a única instituição verdadeiramente divina e humana. Ao te escolherem, os Espíritos sabiam da solidez de tuas convicções, e que a tua fé, como um muro de aço, resistirá a todos os ataques.

Entretanto, amigo, se tua coragem ainda não fraquejou diante do pesado encargo que aceitaste, sabe que no princípio não tiveste obstáculos — com o lançamento de **O Livro dos Espíritos**, **O que é**

o Espiritismo e **O Livro dos Médiuns** —, mas agora vão começar as dificuldades. Sim, caro mestre, prepara-se a grande batalha. O fanatismo e a intolerância, revoltados com o sucesso de tua propaganda, vão alvejar a ti e aos teus com as armas envenenadas. Apresta-te para a luta. Mas tenho confiança em ti, assim como tens em nós, porque tua fé é das que removem montanhas e fazem caminhar sobre as águas. Coragem, pois! Que a tua missão se cumpre! Conta conosco, e conta principalmente com o grande Espírito do Mestre de todos nós, que te protege de modo muito especial.»

Perante estas informações dos Espíritos podemos concluir:

1º O Espírito de Verdade e a sua falange jamais abandonaram Allan Kardec na elaboração da Codificação Espírita;

2º Os Espíritos tinham absoluta confiança no Codificador, — ***«quantos entre eles desejariam cumprir a sombra da sua missão»*** (in Obras Póstumas, 2ª parte) — pois sabiam da sua grandeza espiritual;

3º Por tais fatos, Allan Kardec não se enganou — como pensam alguns espíritas — ao não aceitar a volumosa obra que o Sr. Roustaing lhe enviara no primeiro semestre de 1866 para fazer parte integrante da Doutrina Espírita, apresentando a razão do porquê da sua recusa:

> «O autor desta nova obra julgou dever seguir um outro caminho. Em vez de proceder por gradação, quis atingir o fim de um salto. Assim, tratou certas questões que não tínhamos julgado oportuno abordar ainda e das quais, por conseqüência, deixamo-lhe a responsabilidade, como aos Espíritos que as comentaram. Conseqüente nosso princípio, que consiste em regular a nossa marcha pelo desenvolvimento da opinião, até nova ordem não daremos às suas teorias nem aprovação nem desaprovação, deixando ao tempo o trabalho de as sancionar ou as contraditar. Convém, pois, considerar essas explicações como opiniões pessoais dos Espíritos que as formularam, opiniões que podem ser justas ou falsas e que, em todo o caso, necessitam da sanção do controle universal, e, até mais ampla confirmação, não poderiam ser consideradas como partes integrantes da doutrina espírita.» (in «Notícias Bibliográficas», Revista Espírita, junho de 1866)

No mesmo artigo, que podemos ler integralmente na Revista citada, o emérito Codificador, não deixa de fazer uma crítica construtiva à forma como é apresentada a própria obra:

> «Se o fundo de um livro é o principal, a forma não é para desdenhar e contribui com algo para o sucesso. Achamos que certas partes são desenvolvidas muito extensamente, sem proveito para a clareza. A nosso ver, se, limitando-se ao estritamente necessário a obra poderia ter sido reduzida a dois, ou mesmo a um só volume e teria ganho em popularidade.» (Hoje a sua tradução abrange quatro pesados volumes)

Para reforçar estas teses, a do bom-senso e a da sua enorme autoridade moral e espiritual, vamos passar parte da mensagem que Kardec recebeu dos Espíritos, em Paris, a 14 de setembro de 1863, quando se encontrava em Sainte-Adresse a trabalhar em **O Evangelho segundo o Espiritismo**, precisamente na altura em que Roustaing também elaborava com os «Evangelistas» a sua obra:

> «Quero falar-te de Paris, embora não veja a utilidade disso, já que meus sentimentos íntimos manifestam-se à tua volta e teu

cérebro apreende nossas inspirações com a facilidade que tu mesmo percebes. **Nossa atuação, principalmente a do Espírito de Verdade, é constante sobre ti e é tal que dela não podes esquivar-te**. É por isso que não entrarei em pormenores inúteis a respeito do plano de tua obra, que modificaste completamente, de acordo com meus conselhos ocultos. Compreendes agora a razão pela qual tínhamos necessidade de conservar-te sempre à mão, livre de qualquer outra preocupação que não fosse a Doutrina. Uma obra como a que elaboramos em conjunto exige recolhimento e um isolamento sagrado. Acompanho com vivo interesse os progressos do teu trabalho, que representam um grande passo à frente e que abrem, finalmente, ao Espiritismo, a larga via das aplicações úteis à sociedade. **Com esta obra o edifício começa a desembaraçar-se dos andaimes, e já se pode entrever sua cúpula delineando-se no horizonte**. Continua, pois, sem impaciência e sem fadiga; o monumento ficará concluído na hora certa.» (in Obras Póstumas, 2ª parte)

Como podemos verificar, Kardec não se

equivocou, pois que estava amparado pelo próprio Espírito de Verdade. Dizer que Kardec se enganou ao não reconhecer o trabalho de Roustaing, como trabalho espírita, é o mesmo que dizer que o Espírito de Verdade e a sua falange de Espíritos Superiores erraram e falharam. O que consideramos absurdo quando lemos e estudamos com seriedade as últimas três obras da Codificação Espírita — **O Evangelho segundo o Espiritismo**, **O Céu e o Inferno** e **A gênese** — que destroem por completo os dogmas da Igreja que a obra de Roustaing procura recuperar e reabilitar com novas roupagens.

Pelo paralelismo verificado, no tempo, podemo-nos interrogar o porquê de o Espírito de Verdade atuar junto de Kardec de uma forma e ao mesmo tempo os «Evangelistas», os «Apóstolos» e «Moisés», que supomos integrarem a falange do Espírito de Verdade, atuarem junto de Roustaing de forma totalmente diversa? Contradizendo claramente, como veremos, as instruções do Espírito de Verdade. Com Kardec, o Espírito de Verdade critica de forma sincera e direta os dogmas e práticas da Igreja; com Roustaing, os Espíritos procuram justificar e reabilitar a Igreja Católica e a sua doutrina, como iremos ver. Por que esta dualidade radical de critérios? Não é preciso ser-se muito inteligente para se verificar que algo não está certo.

3. A grande mistificação

Uma das várias afirmações que os Espíritos fazem na obra de Roustaing para solapar a Doutrina Espírita é aquela em que dizem que há Espíritos que não estão sujeitos à reencarnação. Dizem eles que quando o princípio inteligente atinge a condição hominal pode realizar a evolução como Espírito até à perfeição, só no plano espiritual, sem ter que encarnar nenhuma vez.

Só estão sujeitos à encarnação aqueles Espíritos que erraram, ou falharam, como queiram dizer, revoltando-se contra as leis divinas, em qualquer grau na evolução espiritual, antes de atingirem a perfeição, sendo nesse caso precipitados nos mundos materiais para recomeçarem, desde o início, como «criptógamos carnudos», para então através das existências sucessivas conquistarem a perfeição. No caso da humanidade terrestre só Jesus é que nunca encarnou, porque nunca faliu. Por tal fato é que afirmam que Jesus não teve um corpo de carne como nós.

Vejamos como nos tratam os Espíritos que se dizem os quatro Evangelistas, e ainda por cima, assistidos pelos Apóstolos e por Moisés:

> «Não poderíamos compará-los (os corpos humanos) melhor do que a criptógamos carnudos. Podeis formar idéia da criação humana, estudando essas larvas informes que vegetam em certas plantas, particularmente nos lírios. São uma massa, quase inerte, de matérias moles e pouco agregadas, que rasteja, ou antes desliza, tendo os membros, por assim dizer, em estado latente.
>
> Eis, oh! homem, a tua origem, o teu ponto de partida, quando o orgulho, a inveja, o ateísmo, surgindo mesmo no centro da luz, a indocilidade e a revolta te fizeram falir em condições que exigem a primitiva encarnação humana.» (Os Quatro Evangelhos, 1º Vol., pág. 313)

Concluímos assim, que tais afirmações visam desacreditar a Codificação Espírita, ridicularizando-a aos olhos de quem tem por hábito o estudo e a reflexão sérias. Os Espíritos que procuraram, deste modo, destruir a Codificação nascente, criando logo à nascença o primeiro cisma, vão direto ao princípio basilar do **Consolador** — a Lei da Reencarnação — desvirtuando-a. Vamos confrontar esta teoria surrealista com o que disseram os Espíritos em **O Livro dos Espíritos**, na questão **nº 133**:

> «Os Espíritos que, desde o princípio, seguiram o caminho do bem, tem necessidade da encarnação?
>
> — *Todos são criados simples e ignorantes e se instruem através das lutas e tribulações da vida corporal. Deus, que é justo, não podia fazer felizes a alguns, sem penas e sem trabalhos, e por conseguinte sem mérito.*»

E os guias de Roustaing são taxativos quando afirmam:

> «Não; a encarnação humana não é uma necessidade, é um castigo, **já** o dissemos.» (Os Quatro Evangelhos, 1º Vol., pág. 317)

O Espírito de Verdade esclarece de forma inequívoca que não existem dois tipos de criação de Espíritos: ***«todos estão sujeitos às tribulações da vida*** *corporal»*. Caso contrário seria uma discriminação tremenda, uma injustiça do Criador, o que não podemos conceber. Não podemos compreender que Deus tenha criado dois tipos de evolução para os Espíritos: os que a realizam através das vidas sucessivas e os que a realizam no plano espiritual. Ainda é o atavismo do passado a fazer-se sentir na mente desses Espíritos e de todos os que aceitam as suas teorias: a questão do privilégio, a questão da *graça*.

Sendo Ele onisciente, de antemão, antes de os criar, sabe quais os Espíritos que vão seguir um ou outro tipo de evolução; quais os que vão falir para serem depois precipitados na matéria, para evoluírem de forma diferente, ou seja, através da reencarnação. Tal situação iria negar a infinita justiça de Deus. Seria um Deus parcial, e portanto, tremendamente injusto.

Notemos, ainda, que a reencarnação dos Espíritos, para além da finalidade de os levar à perfeição, tem como objetivo, também, de os levar a contribuir com a sua quota parte na obra da criação. É isso que o Espírito de Verdade nos diz na questão **nº 132** no mesmo Livro:

> «A encarnação tem ainda outra finalidade, que é a de pôr o Espírito em condições de enfrentar a sua parte na obra da criação. É

> para executá-la que ele toma um aparelho em cada mundo, em harmonia com a sua matéria essencial, a fim de nele cumprir, daquele ponto de vista, as ordens de Deus. E dessa maneira, concorrendo para a obra geral, também progride.»

Esta «outra finalidade» da encarnação, admitindo a teoria dos Espíritos mistificadores, iria criar outra situação de injustiça, pois que haveria Espíritos, em muito menor número, que seriam deserdados do trabalho de darem a sua parte na obra da criação, o que seria outra injustiça para os que não podem encarnar. Se todos os Espíritos seguissem sempre o caminho que os impediria de encarnar, Deus ficaria privado do trabalho dos Espíritos para a sua obra da criação. Por tal motivo Deus terá sempre de criar Espíritos, a grande maioria, com uma estrutura deficitária, se assim nos podemos exprimir, que os levará mais tarde ou mais cedo, a falirem, para serem precipitados na matéria, mantendo, assim, sempre o exército permanente de obreiros da Sua criação.

Há ainda outra questão que sempre me deixou intrigado, que é a de nunca ter tido nenhum contato com Espíritos que nunca faliram, <u>independentemente do seu grau de evolução</u>, nas nossas reuniões mediúnicas e que já são 20 anos de reuniões bissemanais. Todos os Espíritos que se tem manifestado consideram-se sempre ligados à Terra, por onde já passaram, tendo deixado os familiares, amigos e inimigos, sem contar com os que ainda se consideravam encarnados. Nunca em circunstância alguma, nenhum deles, nos disse que não pertencia à humanidade. Perante tal realidade, cabe-nos perguntar porque é que esses Espíritos nunca se manifestam? O que é feito deles? Será que existe uma lei que os impede ou proíbe de contatarem conosco, para não se contaminarem com a nossa inferioridade? Nenhum desses Espíritos se utilizou da imensa variedade de médiuns que o Codificador teve à sua disposição, independentemente do seu patamar de evolução, para dar testemunho da sua situação. Também as obras mediúnicas de Francisco Cândido Xavier, Yvonne Amaral Pereira e Divaldo Pereira Franco — os médiuns contemporâneos mais idôneos e conhecidos — jamais nos falam de tais Espíritos. Todos os Espíritos que vemos nas mais variadas coletividades espirituais, como por exemplo em «Nosso Lar», de que nos fala o grande «repórter de além-túmulo», André Luiz, são provenientes da Terra e a ela, ou a outros mundos, vão retornar. O que é feito desses outros Espíritos de que nos falam os guias de Roustaing?

4.

A gênese como resposta de Kardec à obra cismática

A última obra da Codificação Espírita, **A gênese, os Milagres e as Predições segundo o Espiritismo**, é a verdadeira resposta do Espírito de Verdade e de Allan Kardec á obra de J. B. Roustaing. Os mistificadores são peremptórios ao afirmarem:

> «Não; a encarnação humana não é uma necessidade, é um castigo, **Já** o dissemos. E o castigo não pode preceder a culpa.
>
> O Espírito não é **humanizado, também** já o explicamos, antes que a primeira falta o tenha sujeitado à encarnação humana.» (Os Quatro Evangelhos, Vol. 1, pág. 317)

Ao criticar em julho de 1966 a obra na **Revista Espírita**, Kardec não a aceitava para ser considerada parte integrante da Doutrina porque lhe faltava a sanção do controle universal e por isso disse: *«até*

nova ordem não daremos às suas teorias nem aprovação nem desaprovação».

A ***nova ordem*** seria dada, ano e meio depois, com a publicação de **A gênese**, no dia 6 de janeiro de 1868 (Revista Espírita, janeiro de 1868, rubrica «Bibliografia»), em Paris.

No dia 9 de setembro de 1867, o Codificador recebe da Espiritualidade uma comunicação espontânea a respeito da importância e urgência da publicação da obra em pauta, de que passamos os seguintes extratos:

> «Como já dissemos tantas vezes, é urgente pô-la em execução sem perda de tempo e apressar o mais possível a sua publicação.»
>
> «Pessoalmente estou satisfeito com o trabalho, mas minha opinião pouco vale comparada com a satisfação daqueles que ela irá transformar. O que principalmente faz com que me rejubile são as suas conseqüências sobre as massas, tanto do Espaço, como da Terra.»

Os seus Guias sabiam da importância da publicação desta última obra da Codificação Espírita porque era necessário desmistificar as teorias e explicações absurdas dos Espíritos mistificadores de Roustaing que procuravam insinuar-se no movimento espírita: a nova lei da reencarnação, a teoria do corpo de Jesus, a doutrina dos anjos decaídos e do paraíso perdido, a virgindade de Maria e a explicação de alguns milagres, pois que Allan Kardec estava prestes a terminar a sua missão e era necessário que não ficassem quaisquer dúvidas para o futuro, a respeito de tais questões doutrinárias. O seu passamento seria a 31 de março de 1869.

A respeito da Lei da Reencarnação que os Espíritos deram a conhecer em **O Livro dos Espíritos**, perguntas **nºs 132** e **133**, que vimos anteriormente, e que os mistificadores procuraram adulterar e ridicularizar, o preclaro Codificador vem confirmar, novamente, conforme podemos verificar nas seguintes passagens de **A gênese**:

> «A obrigação, para o Espírito encarnado, de prover ao sustento do corpo, à sua segurança, ao seu bem-estar o constringe a aplicar as suas faculdades em pesquisas, a exercê-las e a desenvolvê-las. A sua união com a matéria é, pois, útil ao seu adiantamento. Eis porque a encarnação é uma necessidade. Além disso, através do trabalho inteligente que executa em seu

> proveito quando encarnado, ele auxilia a transformação e o progresso material do Globo em que habita. É assim que, ao mesmo tempo que progride, concorre na obra do Criador do qual é o agente inconsciente.» (Cap. XI, «gênese Espiritual», item nº 24)
>
> «A encarnação portanto não é, de modo algum, normalmente uma punição para o Espírito, **como pensaram alguns** (referência clara a Roustaing), mas uma condição inerente à inferioridade do Espírito e um meio de progredir.» (Cap. XI, «gênese Espiritual», item nº 26)

Tais afirmações de Kardec, escoradas no Espírito de Verdade, seu guia pessoal, e na falange dos Espíritos Superiores que o assessoravam, constituem a refutação definitiva à obra de Roustaing.

Quanto à natureza do corpo de Jesus, que os guias de Roustaing afirmaram que não era idêntico ao nosso, mas sim um corpo fluídico, Kardec refuta de forma magistral tal absurdo no capítulo XV, «Os Milagres do Evangelho», itens nºs 64 a 67. A respeito do corpo de Jesus, extraímos a seguinte passagem:

«O corpo carnal possui as propriedades inerentes à matéria propriamente dita, que diferem essencialmente das dos fluidos etéreos; a desorganização opera-se nele pela ruptura da coesão molecular. Um instrumento cortante, que penetre no corpo material, divide-lhe os tecidos; se são afetados os órgãos essenciais à vida, seu funcionamento cessa e segue-se a morte, isto é, a morte do corpo. Como não existe tal coesão nos corpos fluídicos, a vida não se baseia no funcionamento de órgãos especiais e neles não se podem produzir desordens análogas. Um instrumento cortante, ou qualquer outro, neles penetra como no vapor, sem produzir nenhuma lesão. Eis porque estes tipos de corpos **não podem morrer**, e porque os seres fluídicos designados pelo nome de **agêneres** não podem ser mortos.

Depois do suplício de Jesus, seu corpo ficou ali, inerte e sem vida. Foi sepultado como os corpos de todos, e qualquer um podia vê-lo e tocá-lo. Depois de sua ressurreição, quando quis deixar a Terra, ele não morreu. Seu corpo se elevou, desvaneceu-se e desapareceu, sem deixar

> vestígio, prova evidente de que este corpo era de natureza diversa da do que morreu na cruz. Donde se conclui que, se Jesus morreu, é que ele possuía um corpo carnal.» (2º e 3º § do item nº 65)

Quanto às implicações morais de Jesus ter tido apenas o corpo fluídico, são de suma importância como nos diz o Codificador:

> «Se Jesus, durante sua vida, tivesse estado nas condições de um ser fluídico, não teria conhecido a dor, nem as necessidades do corpo. Supor que assim tenha sido, seria roubar-lhe todo o mérito de uma vida de privações e sofrimentos, pela qual se decidira para exemplo de resignação. Se tudo nele não passasse de mera aparência, todos os atos da sua vida — o anúncio reiterado de sua morte, a cena dolorosa do Jardim das Oliveiras, sua prece a Deus para que afastasse de seus lábios aquele cálice, sua paixão, sua agonia, tudo, até sua derradeira exclamação no momento de entregar o seu Espírito, não teria sido senão um vão simulacro para enganar quanto à sua

> natureza e fazer crer no sacrifício ilusório de sua vida; uma comédia que seria indigna de um simples homem honesto, e, com mais forte razão, de um ser tão elevado. Numa palavra, ele teria abusado da boa fé de seus contemporâneos e da posteridade. Tais são as conseqüências lógicas deste sistema, conseqüências não admissíveis, pois seria rebaixá-lo moralmente, em lugar de elevá-lo.
>
> Jesus, portanto, teve, como todos nós, um corpo carnal e um corpo fluídico, o que é comprovado pelos fenômenos materiais e os fenômenos psíquicos que assinalaram a sua vida.» (item nº 66)

Compreendemos, agora, a razão porque os Espíritos estavam muito preocupados com a publicação de **A gênese**, pois era necessário que não ficassem dúvidas para o futuro a respeito das teorias que procuravam insinuar-se na Doutrina nascente, ridicularizando-a e desacreditando-a, antes da partida do Codificador.

No que refere aos milagres, vamos apenas confrontar a explicação de Roustaing e seus guias a respeito da multiplicação dos pães e dos peixes, com a explicação da equipe da Codificação. Diz a obra de Roustaing:

«O fenômeno, que mais tarde explicaremos, chamado — **a multiplicação dos pães e dos peixes**, simples resultado de uma ação espírita, obtida por mera combinação dos fluidos apropriados e necessários a esses efeitos.» (Os Quatro Evangelhos, 1º Vol., pág. 201)

Explica Kardec:

«A multiplicação dos pães é um dos milagres que mais têm intrigado os comentadores, ao mesmo tempo que tem alimentado a verve dos incrédulos. Sem se darem ao trabalho de sondar-lhe o sentido alegórico, estes encaram-nos apenas como um conto pueril. Mas a maioria das pessoas sérias viram neste relato — embora sob uma forma diferente da forma costumeira — uma parábola comparando o alimento espiritual da alma com o alimento do corpo.

Podemos ver nisso, no entanto, mais do que uma figura, e admitir num certo ponto de vista, a realidade de um fato material, sem nem por isso recorrer ao prodígio. É sabido que uma grande preocupação do espírito, a atenção firme que se dá a alguma coisa, fazem esquecer a fome. Ora, os que seguiram a Jesus eram pessoas ávidas de ouvi-lo. Não há, portanto, nada de espantoso que, fascinados por sua palavra, e talvez também pela possante atuação magnética que exercia sobre eles, não sentissem a necessidade material de comer.

Jesus, que previa este efeito, pôde então tranqüilizar seus discípulos, dizendo, naquela linguagem figurada que lhe era habitual — admitindo-se que de fato lhe tenham trazido alguns pães —, que os pães iriam ser suficientes para saciar a fome da multidão. Ao mesmo tempo, dava-lhes uma lição: "Dai-lhes de comer vós mesmos", dizia. Ensinava-lhes desse modo que eles também podiam alimentá-los por meio da palavra.

Assim, a par do sentido alegórico moral, pôde haver um efeito fisiológico natural bem conhecido. O prodígio, neste caso, está na ascendência da palavra de Jesus, poderosa bastante para captar a atenção de uma multidão imensa, a ponto de fazê-la esquecer-se de comer. Este poder moral testemunha a superioridade de Jesus, muito mais que o fato puramente material da multiplicação dos pães, que deve ser considerado como uma alegoria.

Esta explicação acha-se, aliás, confirmada pelo próprio Jesus, nas duas passagens seguintes: (de que só citamos a primeira, o item nº 49) (Cap. XV, item nº 48)

O FERMENTO DOS FARISEUS

«Tendo seus discípulos passado para o outro lado do lago, tinham-se esquecido de levar pães. — Jesus lhes disse: Tende o cuidado de evitar o fermento dos fariseus e dos saduceus. — Mas eles pensavam e diziam entre si: É porque não trouxemos pães.

Percebendo-o, Jesus lhes disse: Homens de pouca fé, por que ficais falando que não trouxestes pães? Não compreendeis ainda e não vos lembrais de que cinco pães foram suficientes para cinco mil pessoas e de quantos cestos ainda levastes de sobejo? — Como não compreendestes que não vos falei a respeito do pão quando vos disse que vos guardásseis do fermento dos fariseus e dos saduceus?

Então compreenderam que não lhes

> dissera que se guardassem do fermento que se põe no pão, mas da doutrina dos fariseus e dos saduceus (São Mateus, cap. XVI: 5 a 12). (Cap. XV, item 49)

Vejamos agora a explicação do emérito Sábio de Lyon:

> «Na primeira passagem, — a única que registramos por ser muito clara e não tornarmos longo o texto — Jesus, referindo-se ao fato produzido anteriormente, dá claramente a entender que não se tratava de pães materiais. Se assim não fosse, a comparação que fez com o fermento dos fariseus teria sido sem objetivo. "Não compreendeis ainda, disse ele, e não vos lembrais de que cinco pães foram bastantes para cinco mil pessoas e que sete pães foram bastantes para quatro mil homens? Como é que não compreendeis que não eram pães que eu vos falava, quando vos disse que evitásseis o fermento dos fariseus?" Esta censura não teria nenhuma razão de ser na hipótese de uma multiplicação material. O fato teria sido assaz extraordinário por si mesmo para ter tocado a imaginação de seus

discípulos, que, todavia, não pareciam lembrar-se disso.

(...) Se, portanto, o fato da multiplicação dos pães tivesse se realizado materialmente, como poderiam estes mesmos homens, em proveito dos quais fora produzido alguns dias antes, terem ficado tão pouco impressionados que disseram a Jesus: "Que milagre fazeis, para que, vendo-o, acreditássemos em vós? O que fazeis de extraordinário?" É que eles consideravam milagres os prodígios que os fariseus pediam, isto é, sinais no céu surgidos a mando de alguém, como por efeito da varinha mágica de um feiticeiro. O que Jesus fazia era demasiado simples e não se afastava das leis naturais.» (Cap. XV, item n° 51)

5.
Outras explicações e teorias de Roustaing

Para justificar a virgindade da Mãe de Jesus, vamos passar alguns extratos do que disseram os mistificadores a Roustaing:

> «A gravidez de Maria **foi obra do Espírito Santo**, porque foi obra dos **Espíritos do Senhor** e, como tal, **aparente e fluídica**, de maneira a produzir a ilusão, a **fazer crer** numa gravidez real.» (1º Vol., pág. 195)
>
> «Seu parto foi igualmente **obra do Espírito Santo**, porque também foi **obra dos Espíritos do Senhor** e só se deu na aparência, tal como a gravidez, por isso mesmo que resultava desta, que fora simplesmente **aparente**. Tanto quanto da gravidez, Maria teve a ilusão do parto, na medida do que era necessário, a fim de que

> acreditasse, como devia acontecer, num nascimento real.» (1º Vol., pág. 195-196)
>
> «Quando Maria, sendo Jesus, na aparência, pequenino, lhe dava o seio — o leite era desviado pelos Espíritos superiores que o cercavam, de um modo bem simples: em vez de ser sorvido pelo "menino", que não precisava, era restituído à massa do sangue por uma ação fluídica, que se exercia sobre Maria, inconsciente dela.» (1º Vol., pág. 243)

Vejamos, agora, a forma ingênua como os Espíritos guias de Roustaing justificaram que Jesus infante não se alimentava e ludibriou de forma sistemática os seus pais:

> «A amamentação da infância não era então o que é hoje. A mãe amamentava o filho por todo o tempo em que nela o leite se formava. Daí vem que esse modo de alimentação se prolongava até contar a criança dois ou três anos, idade em que já corria sozinha desde muito tempo, sobretudo naqueles climas.» (1º Vol., pág. 244)
>
> «Antes de chegada a época de cessar a

amamentação ordinária, começou ele a ir para os campos, ou com os outros meninos, ou só. Depois, passou a ir sozinho, a separar-se das demais crianças, a afastar-se das suas vistas, sem jamais pedir de comer ao voltar para casa. Acreditavam todos que se alimentara, como o faziam seus infantis companheiros, de frutos, ou de mel silvestre e, sendo a atenção de Maria desviada, para que se não preocupasse com os cuidados maternais, ninguém cogitava de alimentar o menino, de modo diferente.» (1º Vol., pág. 245)

«Do que fica dito podeis deduzir que, ainda muito pequenino, Jesus, com a liberdade que os usos do país lhe permitiam, estava amiúde ausente da casa paterna. Por vezes, desaparecia no momento mesmo em que Maria preparava o repasto e deixava passar a hora da refeição. Quando Maria e José o procuravam e esperavam, dizia-lhes ele: "Não tendes que vos inquietar e que me procurar." Às solicitações que lhe dirigiam para com eles tomar parte na refeição, respondia: "Não tenho necessidade de coisa alguma."» (1º Vol., pág. 246)

Tais descrições que só podem ser aceitas por ingenuidade, levam-nos a pôr algumas questões. Como é possível a uma mãe não alimentar o seu filho, a partir dos doze meses até aos três anos, sem qualquer outro tipo de alimento que não o leite de peito, pois que a criança a partir do ano e meio já possui dentição suficiente para alimentos sólidos? Como é possível aos pais de uma criança nunca se terem apercebido que o seu filho nunca se alimentava, não obstante o gigantesco esforço dos Espíritos para lhes bloquearem a razão? E os irmãos, familiares e amigos? Como é possível acreditar-se que uma criança com três anos podia recolher frutos no campo para se alimentar, disputar com abelhas o mel silvestre, quando ainda nem possui sentido de orientação e mal se pode sustentar nas suas pernas? Como é concebível que uma criança, por hábito, pelos vistos, não participar nas refeições com os seus pais? Como é possível a uma mãe, ou a um pai que se preze, nunca ter notado que o seu filho tenha sujado os *panos* (fraldas)? Só uma grande dose de credulidade poderá levar alguém a *engolir* as longas e fastidiosas explicações ingênuas dos Espíritos mistificadores que bloquearam por completo a inteligência de Roustaing.

Tais explicações ofendem a inteligência e o bom-senso das pessoas simples. Vejamos, agora, a teoria surrealista e bizarra a respeito de Elias e Moisés que se materializaram no Tabor:

> «O que, porém, Jesus naquela ocasião não podia nem devia dizer (após a transfiguração) e que agora tem que ser dito é o **seguinte: Moisés - Elias - João Batista** - são **uma mesma** e única entidade. Estamos incumbidos de vos revelar isso, porque chegou o tempo em que se tem de **"realizar"** a **"nova aliança"**, em que todos os homens (Judeus e Gentios) se têm que abrigar debaixo de uma só crença, (...).» (2º Vol., pág. 497)
>
> «Assim é que, no Tabor, quando da transfiguração de Jesus, um Espírito superior, da mesma elevação que Elias e João, tomou a figura, a aparência de Moisés.
>
> Tais substituições se dão **quando necessárias** — por Espíritos da mesma ordem.» (2º Vol., pág. 498)

Estas teorias, repetem-se página após página; como por muito serem repetidas possam ser apreendidas e justificadas. Conhecemos algumas pessoas que acreditavam piamente nos Evangelhos de Roustaing, mas que nunca os leram — *quatro volumes de mais de 500 páginas cada, demove qualquer crente* — e que desconheciam estas informações bizarras a respeito de Jesus e sua Mãe, de Elias e Moisés, hoje já questionam a referida obra.

6.
Os discípulos fiéis de Kardec e a obra de Roustaing

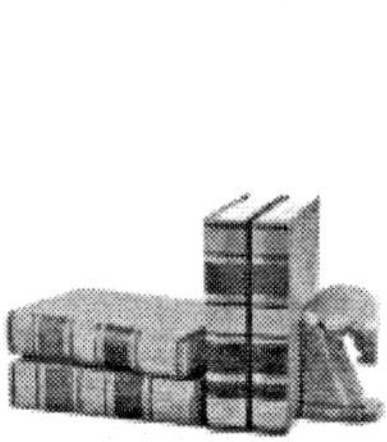

Léon Denis, o continuador do Codificador, considerado o grande «Filósofo do Espiritismo», jamais aceitou a obra cismática que o advogado de Bordéus procurava difundir no movimento espírita. A respeito da teoria fluídica do corpo de Jesus é taxativo:

> «Quanto às teorias que de Jesus fazem uma das três pessoas da Trindade, ou um ser puramente fluídico, uma e outra parecem igualmente pouco fundadas.» (in **Depois da Morte**, pág. 75, FEB)

E o «Gigante do Espiritismo Científico», como alguém designou o engenheiro eletricista Gabriel Delanne, também não pode conceber Jesus como ser privilegiado em relação a nós outros, detentor de um corpo especial. Pois, disse o seguinte:

«O Cristo é um ser excepcional, não pelo corpo, mas pela inteligência e pelo grau de evolução.»

«Segundo penso, o Cristo é um espírito eminentemente superior; é o modelo pelo qual nos devemos conformar, porém, entre Deus e ele, a distância é ainda maior do que de nós para ele.» (in **Gabriel Delanne, Vida e Obra**, pág. 22 e 23, CELD)

Como é que estes dois baluartes do Espiritismo, considerados os fieis discípulos de Allan Kardec, não reconheceram as teorias de Roustaing, ou melhor, não reconheceram o companheiro que antes de encarnar teria vindo com a missão de coadjuvar o Codificador. Como teria sido isto possível? E, ambos eram grandes médiuns inspirados, sendo também Delanne médium psicógrafo. Só a mistificação e a impostura poderão responder cabalmente a esta questão.

E, no corrente século, os grandes militantes, estudiosos e divulgadores da Doutrina Consoladora como **Cairbar Schutel**, **Deolindo Amorim**, **Humberto Mariotti**, **Yvonne Amaral Pereira**, **Herculano Pires**, **Divaldo Pereira Franco** e **Francisco Cândido Xavier**, jamais defenderam ou divulgaram este catolicismo reestruturado por Roustaing.

7. Os verdadeiros mentores de Roustaing

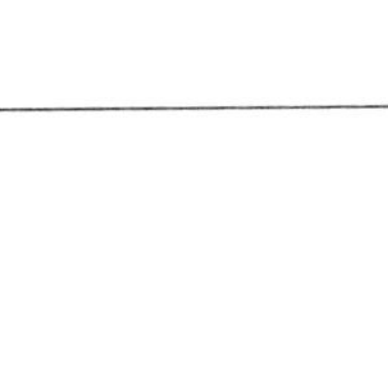

Afinal de contas, quem foram os verdadeiros mentores do antigo bastonário de Bordéus? Pela sua linguagem podemos verificar quem eram os Espíritos que dominaram o Sr. Roustaing e a sua médium, a Sra. Emilie Collignon. Vejamos alguns extratos da obra que se intitula de «Revelação da Revelação»:

> «**A igreja, porém, despertará**; o sonho em que ainda se compraz, dissipar-se-á ao clarão da nova aurora.» (2° Vol., pág. 169)
>
> «Coragem, filhos da nossa igreja, da **Igreja do Senhor**, aproximam-se os tempos em que os discípulos e o Mestre aparecerão **de novo** entre vós, em que vossos olhos desvendados verão o Justo nas nuvens do céu, em que os anjos, isto é, os Espíritos purificados, descerão à terra para mais

eficazmente vos estenderem seus braços fraternais.

Entoai cantos de alegria, rejubilai, rejubilai — os tempos se aproximam.» (2º Vol., pág. 170)

«Que tomeis as vossas refeições antes ou depois de tal "sacrifício" (estão-se a referir ao sacramento da comunhão que procuram, assim introduzir nos meios espíritas), pouco importa. Das superficialidades humanas é que cumpre vos abstenhais antes do ato da "comunhão", que deverá simbolicamente aproximar o vosso Espírito do daquele que, fazendo a sua aparição na terra, se abaixou até vós para vos elevar.» (2º Vol., pág. 303 e 304)

«A mediunidade dos que, entre vós, servem de instrumentos aos Espíritos está apenas em começo. Mas, **contrariamente** ao que sucedeu na época dos discípulos, os vossos médiuns só entrarão no gozo completo de suas faculdades mediúnicas quando estiver entre os homens o Regenerador, Espírito que desempenhará a missão superior de conduzir a humanidade ao estado de inocência, isto é: ao grau de perfeição a que ela tem de chegar.»

«(...)»

«O chefe da Igreja católica, nessa época em que este qualificativo terá a sua verdadeira significação, pois que ela estará em via de tornar-se **universal**, como sendo a Igreja do **Cristo**, o chefe da Igreja católica, dizemos, será um dos principais pilares do edifício. Quando o virdes, cheio de **humildade**, cingido de **uma corda** e **trazendo na mão o cajado do viajante**, ...» (3º Vol., pág. 65)

Obs.: Neste ensaio, em todos os extratos da obra de Roustaing, mantivemos as frases e palavras que no original estavam destacadas, no caso em *negrito*. Só o sublinhado é de nossa autoria.

Depois destes extratos, se alguém ainda tinha dúvidas a respeito de quem eram os mentores de Roustaing, fica com elas desfeitas. A linguagem e conteúdo eminentemente católicos, que não tem nada a ver com a linguagem das mensagens do Espírito de Verdade e sua Falange que integram **O Evangelho segundo o Espiritismo**.

No último extrato, os guias de Roustaing, dizem de forma positiva, sem rebuços, que a Igreja católica irá triunfar no futuro, quando estiver entre nós um Espírito que intitulam de *«Regenerador»* e quando virmos o *«Papa cheio de humildade, cingido de uma corda e trazendo na mão o cajado do viajante»*. Tal revelação é, ainda, o anseio de sobreporem-se aos protestantes, ortodoxos e seitas cristãs, para não falarmos dos judeus e gentios (muçulmanos, budistas, hinduísta etc.) É também uma manifestação de desespero, fruto do orgulho de Espíritos que militaram na hierarquia da Igreja católica do passado e que de além-túmulo procuraram ainda manter esse poder sobre consciências que sempre dominaram, precisamente na altura em que viam que o notável Codificador começava a pôr termo a esse domínio com a implantação na Terra do **Consolador** prometido.

Hoje sabemos que o clero mais conservador do passado, da Igreja católica, continua organizado no Mundo dos Espíritos, mantendo as mesmas construções imponentes, os mesmos rituais, os mesmos sacramentos, os mesmos dogmas e as hierarquias, não obstante os séculos que já passaram. São incapazes de abrir mão do domínio que tiveram no passado. Através dos trabalhos mediúnicos de desobsessão feitos com seriedade, muitos desses Espíritos infelizes, de uma arrogância tremenda, manifestam-se, dando ordens e chamando-nos de traidores; das revelações das obras mediúnicas idôneas; estudos mediúnicos de Hermínio Correia de Miranda, mostram-nos esses companheiros que se perderam no tempo e que pensamos, sem grande margem de erro, estiveram na origem da obra de Roustaing.

Bordéus foi uma das cidades mais importantes na época, conjuntamente com Lyon, para a elaboração da Codificação do Espiritismo, não pelo trabalho do Sr. Roustaing e sua médium, mas sim pelo trabalho do abnegado Sr. Sabó; pois, foi de Sabó, do seu grupo de estudos espíritas, que Kardec recebeu inúmeras mensagens instrutivas que integram **O Evangelho segundo o Espiritismo** e outras que estão publicadas na **Revista Espírita**. De Roustaing só foi trocada correspondência de orientação doutrinária, pois foi Kardec que orientou o próprio J. B. Roustaing nos primeiros passos do Espiritismo e o conduziu ao Sr. Sabó (Revista Espírita, junho de 1861, rubrica «Correspondência»), da qual mais tarde se afastaria por motivos que desconhecemos. Sabemos apenas que se isolou com uma médium, a Sra. Collignon, para receber sem qualquer tipo de controle e crítica os três pesados volumes de <u>Os Quatro Evangelhos</u>.

8.
Humberto de Campos, Chico Xavier e Roustaing

Muitos espíritas admitem piamente em Roustaing, não nas suas teorias porque não as conhecem como vimos, mas, porque Francisco Cândido Xavier recebeu mediunicamente do Espírito Humberto de Campos a bela obra **Brasil, Coração do Mundo, Pátria do Evangelho**, em 1938, documento que trata da História espiritual do Brasil. O seguinte extrato tem confundido muitos estudiosos da Doutrina e do seu movimento:

> «Segundo os planos de trabalho do mundo invisível, o grande missionário (Allan Kardec), no seu maravilhoso esforço de síntese, contaria com a cooperação de uma plêiade de auxiliares da sua obra, designados particularmente para coadjuvá-lo, nas individualidades de João-Batista Roustaing, que organizaria o trabalho da fé; de Léon Denis, que efetuaria o

desdobramento filosófico; de Gabriel Delanne, que apresentaria a estrada científica e de Camille Flammarion, que abriria a cortina dos mundos, ...» (pág. 176, 10ª edição, FEB, 1974)

A única resposta que nos pode merecer a inclusão de Roustaing junto dos continuadores fieis de Allan Kardec é a seguinte que a Doutrina Espírita nos ensina: o grande escritor Humberto de Campos, enquanto encarnado, nunca foi espírita, embora nos últimos anos da sua existência tenha tido contacto com a primeira obra mediúnica de Francisco Cândido Xavier, **Parnaso de Além-Túmulo**, publicado em julho de 1932 pela Federação Espírita Brasileira. A obra mediúnica do jovem de Pedro Leopoldo, impressionou-o, pois convenceu-o da imortalidade do Espírito, pois era impossível que o jovem semi-alfabetizado do interior de Minas Gerais, reproduzisse com uma beleza extraordinária o estilo poético de Amaral Ornellas, Antero de Quental, Antônio Nobre, Augusto dos Anjos, Auta de Souza, Casimiro Cunha, Castro Alves, Cruz e Souza, Guerra Junqueiro, João de Deus, Júlio Diniz, Leôncio Correia, Olavo Bilac etc. Esses contatos diretos e indiretos com os círculos da Federação Espírita Brasileira terão levado o emérito escritor a conhecer a obra de Roustaing, bem como os clássicos do Espiritismo, Denis, Delanne e Flammarion, pois que nessa altura os autores espíritas não eram assim tantos. Quando Humberto de Campos desencarna a 5 de dezembro de 1934, tem um conhecimento precário da Doutrina e do seu movimento. Pois esse conhecimento não se altera, nem se amplia pelo simples fato de se ter desencarnado.

Pensamos ser essa a razão fundamental porque o Espírito Humberto de Campos cita Roustaing como colaborador de Kardec, o que nunca o foi como demonstramos no presente trabalho, o que Humberto de Campos desconhecia.

Nas obras seguintes do Espírito Humberto/ Irmão X jamais vamos ver qualquer referência a Roustaing, quanto mais às suas teorias, pois que com o tempo, por certo, foi ampliando conhecimentos que não possuía enquanto encarnado nem nos primeiros tempos de desencarnado.

Só seria aceitável que Roustaing tenha vindo para assessorar Kardec no trabalho da fé, se Kardec tivesse incluído trabalhos de Roustaing e dos seus guias, na obra da Codificação, o que nunca aconteceu. No que respeita à fé, à moral, à religião, ainda não conhecemos nada que superasse a beleza, equilíbrio, simplicidade e grandeza do conteúdo de **O Evangelho segundo o Espiritismo** e de **O Céu e**

o Inferno, que Kardec elaborou e publicou precisamente quando Roustaing e os seus guias preparavam a reciclagem da doutrina da Igreja de Roma, procurando *remendar o pano velho com o pano novo, o que não resulta, porque acaba sempre por se romper*.

Percorrendo a já vasta literatura espírita idônea, começando pelos clássicos, Léon Denis e Gabriel Delanne, passando por Ernesto Bozzano, deliciando-nos com a vastíssima e multifacetada literatura mediúnica de Francisco Cândido Xavier, com as obras mediúnicas de Yvonne A. Pereira e Divaldo Pereira Franco, jamais verificamos qualquer referência, por mais sutil que seja, às explicações bizarras e exaustivas que os Espíritos deram a Roustaing, a respeito de Jesus e a sua passagem pela Terra. No entanto, podemos confirmar que tanto Léon Denis, como Gabriel Delanne e Flammarion, não trazendo nenhum princípio novo ao edifício doutrinário, ampliaram a compreensão e divulgação do legado de Allan Kardec, no campo científico, filosófico e religioso; o que não aconteceu com Roustaing, que quis fazer doutrina acima da proposta do Espírito de Verdade e arrogando-se, ainda, no direito de intitular a sua obra de «Revelação da Revelação».

9.

A obra de Roustaing à luz do Livro dos Médiuns

Se confrontarmos Os Quatro Evangelhos com **O Livro dos Médiuns** — o maior tratado de prática mediúnica que conhecemos —, classificamos de imediato os Espíritos autores, como verdadeiros impostores e mistificadores, que usurparam nomes que respeitamos, para imporem o seu sistema religioso ao movimento espírita nascente. Esses Espíritos, devido à inexperiência do vaidoso advogado, nem tiveram dificuldade em o sonegarem do movimento espírita, por um período de quatro anos, para lhe imporem a «Revelação da Revelação».

Kardec, assistido pelo Espírito de Verdade e pelos mentores da Sociedade Parisiense de Estudos Espíritas, São Luís e Erasto, diz o seguinte a respeito de tal espécie de Espíritos, no item nº 247 que vamos transcrever na integra:

«Os Espíritos sistemáticos são quase sempre escrevinhadores. É por isso que procuram médiuns que escrevem com facilidade, tratando de fazê-los seus instrumentos dóceis e sobretudo entusiastas, por meio da fascinação. Esses Espíritos são geralmente verborosos, muito prolixos, procurando compensar pela quantidade a falta de qualidade. Gostam de ditar aos seus intérpretes volumosos escritos, indigestos e muitas vezes pouco inteligíveis, que trazem felizmente como contraveneno a impossibilidade material de serem lidos pelas massas. Os Espíritos realmente superiores são sóbrios nas palavras, dizem muita coisa em poucas linhas, de maneira que essa fecundidade prodigiosa deve ser sempre considerada suspeita.

Nunca será demais a prudência, quando se tratar da publicação de semelhantes escritos. As utopias e as excentridades, que são neles freqüentemente abundantes e chocam o bom senso, provocam impressão muito desagradável nas pessoas que se iniciam, dando-lhes uma idéia falsa do Espiritismo, sem contar ainda que servem de armas aos adversários para ridicularizá-lo. Entre essas publicações há as que, sem serem más e sem provirem de uma obsessão, podem ser consideradas como imprudentes, intempestivas e inábeis.»

O emérito instrumento do Espírito de Verdade caracteriza, ainda, de forma clara o procedimento de tais Espíritos:

> «Evitam dar maus conselhos, porque sabem que seriam repelidos, de maneira que os enganados os defendem sempre, afirmando: **Bem vês que nada dizem de mau**. Mas a moral é para eles apenas um passaporte, é o de que menos cuidam. O que desejam antes de mais nada é dominar e impor as suas idéias, por mais absurdas que sejam.» (item nº 246)

Se Roustaing tivesse utilizado a humildade e o bom senso, de que ainda tanto carecemos, quando Allan Kardec o estimulou com um elogio, chamando-o de «mestre em Espiritismo» (ver seção «Correspondência», Revista Espírita de junho de 1861), por certo não se teria afastado da segurança doutrinária do Sr. Sabó e teria estudado este livro que Kardec acabara de editar e que no ano seguinte, 1862, teria a sua edição definitiva, revista e ampliada, com o auxílio direto do Espírito de Verdade e seus colaboradores imediatos, designadamente, os espíritos de São Luís, Erasto e Sócrates.

Com o conhecimento que este livro encerra, Roustaing, estaria resguardado para enfrentar as grandes dificuldades da prática espírita que segundo o insigne Codificador são a ***«obsessão»***, primeiro, e a ***«identidade dos Espíritos»***, depois, que mereceram na obra em pauta dois capítulos específicos com os mesmos nomes: os capítulos XXIII e XXIV, respectivamente.(2) Mas, como já vimos, Roustaing desapareceu por completo dos meios espíritas, entre os últimos meses de 1861 até meados de 1866, altura em que reaparece para divulgar a sua obra.

Estes dois capítulos, por si só, se devidamente estudados, seriam suficientes para escoimar o movimento espírita das mistificações que vêm poluindo muitos Centros Espíritas e as Editoras Espíritas que as publicam.

10. Resumo e conclusão

Depois de lermos, analisarmos e estudarmos serenamente a Codificação Espírita em confronto com Os Quatro Evangelhos verificamos à saciedade que a obra de Kardec representa a água cristalina que nos tira definitivamente a sede de saber, de libertação e transcendência, lavando-nos da lama do passado; enquanto que a obra de Roustaing é água fétida que nos deixa angustiados, levando-nos ao passado medieval, aos dogmas e à intolerância, fazendo-nos sentir as vibrações sombrias que desenvolvemos quando militamos nas estruturas clericais da Igreja de Roma, no passado.

Allan Kardec recebe do Espírito de Verdade a estrutura fundamental da Doutrina Espírita em 1857, com a publicação de **O Livro dos Espíritos**; em 1861, publica **O Livro dos Médiuns**, que contém a base segura e inamovível da ciência espírita que nenhum médium ou estudioso do Espiritismo pode ignorar.

É, também, em 1861 que o Sr. Roustaing recebe de Allan Kardec os primeiros conhecimentos doutrinários, bem como o endereço do grupo de estudos espíritas mais idôneo de Bordéus, dirigido pelo Sr. Sabó, que muito o entusiasmou, mas por pouco tempo, pois que antes do final de 1861, desaparecia dos meios doutrinários de Bordéus, nem nas várias visitas que Kardec fez a Bordéus, designadamente em 1861 e 1862, temos conhecimento da sua presença, só sabemos da presença constante do Sr. Sabó.

São do círculo do Sr. Sabó que chegam a Paris as sábias instruções dos Espíritos que são publicadas na **Revista Espírita** e em **O Evangelho segundo o Espiritismo**; nenhuma provém de Roustaing. Em 1864, surge **O Evangelho segundo o Espiritismo** e no ano seguinte **O Céu e o Inferno**, entretanto, nunca mais se ouve falar de Roustaing. Portanto, entre 1862 e junho de 1866, não temos notícias de Roustaing. Por quê? Porque isolou-se entre quatro paredes com uma médium, a Sra. Emilie Collignon, para receber Os Quatro Evangelhos, que publicaria em 1866.

O Sr. Roustaing fez aquilo que em trabalhos mediúnicos do gênero, instruções dos Espíritos aos homens, nunca se deve fazer:

- **O isolamento;**
- **A utilização de um só médium;**
- **Não aceitando a sanção do controlo universal;**
- **Não pôr à discussão as instruções recebidas;**
- **Apresentar as publicações como fato consumado.**

Voltando à pergunta inicial: ***Será a obra de Roustaing espírita?*** Depois do exposto compreendemos claramente porque tal obra nunca pode ser considerada uma obra espírita. Só poderá ser considerada espírita para as pessoas que desconhecem a Codificação Espírita, nomeadamente as questões *nºs 132* e *133* do **Livro dos Espíritos**, os *capítulos XI* e *XV* da **gênese** intitulados «gênese Espiritual» e «Os milagres do Evangelho», respectivamente, e ainda, a *segunda parte* das **Obras Póstumas** intitulada «Previsões concernentes ao Espiritismo», manuscrito composto com especial cuidado por Allan Kardec.

O espírito Erasto, discípulo de São Paulo, um dos membros da falange do Espírito de Verdade que mais contribuiu para a construção da Codificação do Espiritismo, em 1862, disse o seguinte a respeito dos falsos profetas da erraticidade:

«Os falsos profetas não existem apenas entre os encarnados, mas também, e muito mais numerosos, entre os Espíritos orgulhosos que, fingindo amor e caridade, semeiam a desunião e retardam o trabalho de emancipação da Humanidade, **impingindo-lhe os seus sistemas absurdos, através de médiuns que os servem**. Esses falsos profetas, para melhor fascinar os que desejam enganar, e para dar maior importância às suas teorias, disfarçam-se inescrupulosamente com nomes que os homens só pronunciam com respeito».

«Repeli impiedosamente todos esses Espíritos que se manifestam como conselheiros exclusivos, pregando a divisão e o isolamento. São quase sempre Espíritos vaidosos e medíocres, que tentam impor-se a pessoas fracas e crédulas, prodigalizando-lhes louvores exagerados, a fim de fasciná-las e dominá-las. São, geralmente, Espíritos sedentos de poder, que tendo sido déspotas no lar ou na vida pública, quando vivos, ainda querem vítimas para tiranizar, depois da morte.» (in O Evangelho segundo o Espiritismo, extratos da mensagem «Os falsos profetas da erraticidade», cap. XXI - item 10)

Por fim, lembramos que foi precisamente em Bordéus, no ano de 1861, que um Espírito que se identificou apenas por Luís, disse-nos: *«Todo aquele que revela um átomo de orgulho, fugi dele como de uma lepra contagiosa, que corrompe tudo o que toca»* (in O Evangelho segundo o Espiritismo, cap. XXI, «Falsos Cristos e Falsos Profetas»). Pensamos dever ser este o nosso comportamento perante o orgulho e a soberba dos autores de Os Quatro Evangelhos, que ainda querendo-se sobrepor à própria Codificação Espírita, os intitulam arrogantemente de «Revelação da Revelação».

11. Bibliografia

AMORIM, DEOLINDO — ***Palavras de abertura,*** no livro «Já é tempo...», de Ariston Santana Teles. 1ª edição, «Chão de Flores», Sobradinho-DF, 1979.

BODIER, PAUL e HENRI REGNAULT — **Gabriel Delanne, Vida e Obra**. 1ª edição-1988, CELD (Centro Espírita Léon Denis, RJ), 1937.

DENIS, LÉON — **Depois da Morte**. 11ª edição-1978, FEB (Federação Espírita Brasileira, RJ), 1890.

KARDEC, ALLAN — **O Livro dos Espíritos**. 37ª edição-1978, LAKE (Livraria Allan Kardec Editora, SP), 1857.

KARDEC, ALLAN — **O que é o Espiritismo**. 33ª edição-1989, FEB, 1859.

KARDEC, ALLAN — **O Livro dos Médiuns**. 5ª edição-1977, LAKE, 1861.

KARDEC, ALLAN — **Revista Espírita - ano 1861**. 1ª edição-1960/70 (?), EDICEL (Editora Cultural Espírita Ltda., SP), 1861.

KARDEC, ALLAN — **O Evangelho segundo o Espiritismo**. 17ª edição-1978, LAKE, 1864.

KARDEC, ALLAN — **O Céu e o Inferno**. 27ª edição-1981, FEB, 1865.

KARDEC, ALLAN — **Revista Espírita - ano**

1866. 1ª edição-1960/70 (?), EDICEL, 1866.

KAREDC, ALLAN — **Revista Espírita - ano 1868**. 1ª edição-1960/70 (?), EDICEL, 1868.

KARDEC, ALLAN — **A gênese**. 1ª edição-1979, LAKE, 1868.

KARDEC, ALLAN — **Obras Póstumas**. 16ª edição-1977, FEB, 1890.

KARDEC, ALLAN — **Obras Póstumas**. 2ª edição-1979, LAKE, 1890.

PIRES, HERCULANO — **Revisão do Cristianismo**. 1ª edição, PAIDÉIA (Editora Paidéia Ltda., SP), 1977.

PIRES, HERCULANO — **Curso Dinâmico de Espiritismo, o grande desconhecido**. 1ª edição-1989, Editora J. Herculano Pires, MG, 1979.

PIRES, HERCULANO — **O Centro Espírita**. 1ª edição, PAIDÉIA, 1980.

RAMOS, CLÓVIS — **Humberto de Campos e o Espiritismo**. 1ª edição, CELD, 1995.

ROUSTAING, J.B. — **Os Quatro Evangelhos-1ºVol**. 3ª edição-1942, FEB, 1866.

ROUSTAING, J.B. — **Os Quatro Evangelhos-2ºVol**. 5ª edição-1971, FEB, 1866.

ROUSTAING, J.B. — **Os Quatro Evangelhos-3ºVol**. 5ª edição-1971, FEB, 1866.

XAVIER, FRANCISCO CÂNDIDO-ESPÍRITO HUMBERTO CAMPOS — **Brasil, Coração do Mundo, Pátria do Evangelho**. 10ª edição-1974, FEB, 1938.

Fale conosco!!!

Fale conosco!!!

Fale conosco!!!

Queremos saber sua opinião sobre o livro: ....
Você pode também mandar sua sugestão ou até mesmo sua crítica.